# Momentos refugio

Carmen Velázquez

Madrid, 2025

**Colección Emerge serie Lux**
Director
Pablo López Raso

**Comité científico asesor**
Dimas Fernández Gorostarzu
Roberto Campos Gómez
María Isabel Castro Díaz
Francisco Carpio Olmo

© 2025 Carmen Velázquez

Textos, diseño y maquetación: Carmen Velázquez

© 2025 Editorial UFV

Universidad Francisco de Vitoria

Ctra. Pozuelo-Majadahonda, km 1.800

28223 Pozuelo de Alarcón (Madrid)

editorial@ufv.es

www.editorialufv.es

Diseño y maquetación: Carmen Velázquez de Santiago

Primera edición: febrero de 2025

ISBN edición impresa: 978-84-10083-89-9

ISBN edición digital: 978-84-10083-92-9

Depósito legal: 978-84-10083-91-2

Impreso en España - Printed in Spain

# Contenido

# Introducción

En el fluir constante del tiempo, las personas estamos inmersas en actividades que no nos llenan, perdemos la noción del presente y nos dejamos llevar por las múltiples responsabilidades que reclaman toda nuestra atención. Sin embargo, en medio de este caudal, encontramos refugios personales, oasis donde el ritmo de la vida parece desacelerarse. En estos espacios, la pausa se convierte en un arte, una oportunidad para sumergirse en la profundidad del "aquí y el ahora".

Los momentos refugio son aquellos lapsos de tiempo o situaciones en la vida diaria que nos ofrecen una sensación de calma, tranquilidad y significado. Son momentos donde las personas podemos desconectar de esta agitación de la vida cotidiana para sumergirnos en experiencias que generan sensaciones de paz, satisfacción o reflexión.

Estos momentos pueden variar ampliamente de una persona a otra, ya que dependen de las preferencias individuales, las actividades que proporcionan placer o serenidad, y los entornos que inducen una sensación de refugio. Pueden ser actividades simples, como leer un libro, disfrutar de una taza de café, caminar en la naturaleza, conversar con un ser querido o simplemente tener un momento de tranquilidad personal.

Tienen un valor significativo, ya que ofrecen un espacio para el autocuidado, la reflexión y la conexión con uno mismo en medio del ritmo acelerado de la vida moderna. Estos momentos pueden ayudar a restaurar la energía, reducir el estrés y proporcionar una sensación de equilibrio en la vida diaria.

La percepción del tiempo se vuelve subjetiva en este momento refugio. Mientras ansiamos correr, nuestra vida parece ir más rápido empujándonos constantemente hacia delante. Al sumergirnos en estos instantes de paz interior, se pierde la noción del tiempo, donde la inspiración y la calma reinan. Identificar estos pequeños refugios es crucial, ya que quizás allí encontremos la clave para no ser meros espectadores del fluir del tiempo, sino artífices de nuestros propios instantes.

En el caso de los artistas pudiera existir una contradicción frente a lo expuesto, pues si hablamos de momentos refugio como evasión del trabajo y del estrés, en ellos, esos momentos refugio pueden ser precisamente los de máxima inspiración y producción artistica.

¿Cómo influyen estos momentos de pausa en la percepción del tiempo que tienen las personas?

Y más específicamente,

¿Cómo se da en los artistas?

¿Qué lleva a los artistas a buscar estos refugios?

¿Cómo afectan estos momentos en su proceso creativo y su relación con el tiempo?

Este libro tiene sus raíces en la observación de cómo, a pesar de la rutina estresante, las personas encontramos pequeños refugios que nos permiten desconectar y sumergirnos en experiencias significativas. Contaremos con el testimonio de artistas españoles de gran renombre dentro del ámbito plástico: la escultura, la pintura y la instalación.

Se ha invitado a los artistas entrevistados a reflexionar sobre conceptos relacionados con el momento refugio como la percepción del tiempo y la experiencia personal del proceso creativo. Esto nos permite conocer más a fondo una realidad fundamental tanto en la vida del artista como en la de cualquier persona.

# Adrián Navarro

## Pintura

"*Existe una clara conexión entre el momento refugio que experimenta el artista al crear una obra y el que experimenta el espectador al contemplarla*".

Mi estudio es el oasis donde yo experimento mi momento refugio, y si lo he experimentado fuera de él siento que ha sido debido a que me he llevado el estudio conmigo. Cuando vivo este momento refugio, la ansiedad desaparece. Los artistas sufrimos de ansiedad, necesitamos estar constantemente en el estudio. Esto se debe a que la cabeza del artista nunca para de estar dando vueltas a sus ideas. Para vencer esa ansiedad el artista necesita estar en el espacio que le permite expresarse, necesita repetir los mismos actos una y otra vez, para llegar a esos momentos refugio ya que es lo que le reconforta. Esto tiene un peligro y es el acabar cayendo en la monotonía. Hay que aprender a tomar distancia de esos momentos refugio experimentados en el estudio, ya que esa distancia te aleja de ese pensamiento tan introvertido al que te obliga la pintura. Duchamp era muy inteligente, tomaba mucho tiempo entre una obra y otra, dejaba que el tiempo y la distancia curasen esa ansiedad. A este momento de distancia se le puede considerar otra clase de momento refugio. En ese tiempo no hay ninguna actividad de producción física.

Considero la pintura un ejercicio plenamente corporal, en el que hay que aprender a expresarse y eso requiere mucho tiempo. El arte nos reencuentra con el cuerpo. Es fundamental que nosotros seamos capaces de expresarnos a través de nuestra mente y al mismo tiempo de nuestro cuerpo. La sociedad digital nos lleva a realizar actividades donde se produce una distancia muy grande entre la respuesta física y nuestro pensamiento.

19

Me siento siempre conectado con mi proceso creativo. Cuando vengo al estudio enseguida mis cuadros me hablan. Hago una acción y aparece una reacción. Nunca tengo una idea preconcebida ya que existe mucha improvisación delante de la obra. Todo se resume en ponerme a pintar y dejarme llevar. Este proceso no requiere mucho silencio, por eso me considero una persona *multitask*. Existen dos partes en mi cerebro: una con la que pinto que se está dejando llevar completamente y otra con la que puedo estar realizando una llamada telefónica.

Como diría Flaubert, hay que intentar no dejarse llevar por los momentos de inspiración divina o estados de gracia. Probablemente si hago esto, al día siguiente cuando llegue al estudio y vea lo que he hecho me voy a llevar una sorpresa desagradable. Es mejor que haya momentos de dificultad y de abandono, dejar la obra sin resolver; esto genera conflicto, cierta problemática que me enganche con el cuadro.

La percepción del tiempo ha ido evolucionando a lo largo de toda mi trayectoria. Uno de los motivos por los que yo no pintaba al principio era porque consideraba la pintura una actividad muy lenta. En ese momento vital yo buscaba poder expresarme de manera efectiva y rápida. El dibujo me permitía esa espontaneidad, la pintura no. Con el tiempo te das cuenta de que la pintura requiere su velocidad. A mucha gente le sorprendería lo lento que podemos llegar a pintar los pintores y al mismo tiempo la eficacia que conseguimos. La pintura requiere una autodisciplina en la que el paso del tiempo no te tiene que importar demasiado.

El momento refugio, siendo artista, se puede experimentar tanto viviendo el proceso creativo desde dentro, como tomando distancia y sin realizar ninguna actividad de producción, convirtiéndote en el propio espectador de tu obra. Desde mi punto de vista, hay que poder vivir otro tipo de experiencias, familiares, de amistad... Soy bastante escéptico frente al mito que muchos artistas se pasan siete días a la semana en el estudio, sin nutrirse de actividades personales. La pintura tiene que hacerte feliz, no tiene que ser algo que genere sufrimiento.

La gran fortuna de ser artista es que tienes todo el tiempo del mundo para ti. El artista por naturaleza es muy egotista con su tiempo. Mi ideal es que mi práctica fuese un continuo momento refugio, que se convirtiera en un estado permanente.

El proceso creativo lo es todo, y busco que eso se vea reflejado en la obra. Todo ese tiempo que hay detrás de cada cuadro, quiero que se vea plasmado desde su inicio hasta el resultado final. Una obra es mejor cuanta más vida tenga, y una obra tiene más vida cuando el pintor ha sabido imprimir el tiempo que le ha llevado ejecutarla.

Tengo claro que existe una clara conexión entre el momento refugio que experimenta el artista al crear una obra y el que experimenta el espectador al contemplarla. El espectador al observar una obra muchas veces se reencuentra con aspectos que quizás en la vida real estén adormecidos. No se tiene que saber de arte para experimentar sensaciones delante de un lienzo. El momento refugio te hace estar tan conectado con el presente que pierdes totalmente la noción del tiempo y te olvidas de todo lo demás. Los niños son un claro ejemplo, ellos viven constantemente en el presente.

# Carlos Tárdez

## Pintura y Escultura

*"El ser humano es el único animal que no tiene automatizado tener momentos del día simplemente para descansar".*

Experimento con frecuencia los momentos refugio, donde la conexión con mi trabajo es tan profunda que pierdo la noción del tiempo. Durante estos momentos, me encuentro completamente inmerso en mi proceso creativo, sintiéndome uno con la actividad que estoy realizando, ya sea pintar o esculpir. Es una experiencia que describiría como mágica y liberadora, donde las ideas fluyen sin esfuerzo y las obras parecen materializarse de manera natural. Cuando logro entrar en este estado, mis obras adquieren una profundidad y una autenticidad que no se puede replicar de otra manera. Mi principal refugio creativo es mi estudio. Es en este espacio donde encuentro la concentración y la conexión necesarias para entrar en mi estado más creativo. Sin embargo, también llevo una libreta conmigo en todo momento, ya que las ideas pueden surgir en cualquier lugar y en cualquier momento. Puedo gozar mucho de estos momentos, pero luego tengo que encontrar un equilibrio con mi vida personal para no encerrarme tanto en mí mismo.

Momentos refugio ajenos a la pintura ya no tengo muchos, antes tenía más, yo me iba al parque y leyendo conseguía una conexión mágica. Actualmente esta lectura se ha convertido en una actividad más pretenciosa, ya que busco una lectura que me pueda servir para algo productivo. Ahora estos momentos están directamente ligados a mi trabajo. En una sociedad de pura eficiencia, me cuesta dedicar tiempo a cosas que no son realmente productivas.

Es curioso pero, cuando tengo una gran presión para cumplir plazos de entrega de obras, me surgen más a menudo estos momentos refugio. Suelo trabajar con muchas obras a la vez, lo que me permite conectar más directamente con mi proceso creativo.

Los seres humanos somos los únicos animales que no tenemos automatizado tener momentos del día simplemente para descansar, y esto es lo que realmente nos permite tener la cabeza equilibrada y es lo que da sentido a nuestra vida.

El contenido de mi obra siempre está claramente relacionado con el tiempo. Creo que las obras de todos los artistas son puros autorretratos y ahí se ve un claro ejemplo del paso del tiempo.

En concreto, en mi obra se ve un claro reflejo del tiempo ya que mis hijos suelen ser los protagonistas y les he pintado desde que eran pequeños. La pintura tiene hallazgos, desde mi punto de vista ese hallazgo es dar con un sitio en el que te gustaría estar, la infancia en mi caso, es algo que me llama mucho la atención y he vuelto a revivir con mis hijos en casa. También pinto animales, pinto mujeres, yo pinto pintura.

# Coque Bayón

## Pintura

*"Aunque pueda sonar extraño, mientras estoy en la cocina, sigo pintando en mi cabeza".*

Es interesante cómo el momento refugio puede manifestarse en diferentes lugares y actividades. Para mí, el lugar donde encuentro mi refugio creativo es en la cocina. Aunque pueda sonar extraño, mientras estoy en la cocina, sigo pintando en mi cabeza. Esto demuestra es que no es necesario estar en mi estudio para encontrar ese espacio de conexión creativa. Hubo una vez que tuve una avería en la cocina y la luz principal se estropeó, así que tuve que recurrir a dos focos de luz muy cálidos para iluminar el espacio. Fue una situación de urgencia, por lo que no tuve otra opción que utilizar esos focos. Lo interesante fue que esta situación inesperada cambió mi percepción de los colores. Al principio, noté que los colores parecían estar mal colocados bajo esa iluminación particular, en comparación con lo que estaba acostumbrado a ver. Esta experiencia en la cocina me hizo darme cuenta de aspectos que no había considerado antes mientras pintaba. Me llevó a reflexionar sobre la importancia de la iluminación en mi trabajo artístico y cómo puede influir en la forma en que se percibe una obra.

Hay ocasiones en las que me permito salir de mi zona de confort y explorar estos momentos refugio de manera más espontánea, es ahí donde descubro que mi creatividad se expande y mi obra se beneficia. Creo que es importante salir de la obra de vez en cuando y permitirse experimentar, ya que esto puede prevenir el estancamiento y la monotonía en la práctica artística. Si no buscamos estos momentos de descanso y reflexión, corremos el riesgo de caer en un manierismo que puede resultar aburrido e incluso, provocar la pérdida de interés en el arte.

La percepción del tiempo definitivamente afecta a mi creatividad. Personalmente, me siento más conectado con mi proceso creativo por las tardes o por las noches. Sin embargo, debido a las responsabilidades y cambios en mi vida, como tener una hija pequeña, mi horario creativo se ha ajustado al horario de ella. Hay ocasiones en las que me pongo a pintar y es como si el tiempo dejara de existir mientras estoy inmerso en mi trabajo artístico.

Cuando estoy en ese estado de flujo creativo, el reloj pasa desapercibido. Pueden ser minutos o incluso horas, solo me doy cuenta de que el tiempo ha pasado cuando empiezo a sentirme cansado. Esta experiencia me ocurre con frecuencia, especialmente los lunes. Después de un fin de semana en el que tengo tiempo para relajarme y dejar volar mi imaginación, llego al estudio con las pilas recargadas y con una gran eficacia creativa.

A medida que he avanzado en mi carrera, ciertamente he experimentado cambios en mi relación con el tiempo.

Los factores externos, como plazos de entrega, responsabilidades familiares u otros compromisos, a veces pueden limitar mi capacidad para sumergirme completamente en mi trabajo sin tener en cuenta el tiempo. A menudo, me encuentro poniendo alarmas para asegurarme de que no me dejo llevar demasiado y cumplir con mis obligaciones. A pesar de estos límites externos, sigo manteniendo esa capacidad de perder la noción del tiempo cuando estoy verdaderamente inspirado y entregado a mi arte. Creo que esta experiencia de flujo creativo es algo que todos poseemos en cierta medida, pero cada uno encuentra su forma de experimentarla en actividades que les apasionan.

Identificar y valorar mis momentos refugio me ayuda a entender qué necesito para ser más creativo y feliz. Esto me permite hacerme preguntas importantes, como qué quiero lograr con mi arte y cómo puedo mejorar. Además, aprendo que estos momentos no solo son útiles mientras estoy creando, sino también cuando estoy fuera del estudio. Así, puedo tomar decisiones más claras y objetivas sobre mi obra. Todas estas preguntas hay que responderlas fuera del momento físico de pintar. Pensar estas ideas con un pincel en la mano es tan peligroso como aplaudir con una pistola. Cuando tenemos estas necesidades de evaluar o pensar, de recurrir a estos momentos, es clave no estar ejecutando.

La relación entre el tiempo y la creatividad se manifiesta de manera significativa en mi obra y en el arte en general. En mi caso, este vínculo se refleja en el proceso de creación de mis pinturas. Llegar al resultado final implica dedicar una gran cantidad de tiempo a momentos de reflexión y refugio creativo, fuera del tiempo dedicado exclusivamente a la ejecución física de la obra. Estos momentos son fundamentales en mi proceso creativo, ya que me permiten discernir lo esencial de lo accesorio y pulir mi obra hasta alcanzar su expresión más auténtica.

# Dora García

## Mutidisciplinar

*"El tiempo vivido no tiene nada que ver con el tiempo medido. Hay cosas que son eternas y otras que se van en un suspiro y en el reloj han durado lo mismo".*

El momento refugio puede aparecer en etapas de creación, de contemplación, de lectura... Hay veces que te quedas embobado mirando algo y es precisamente en ese instante donde la percepción del tiempo es totalmente subjetiva, lo que yo llamo el arrebato. No creo que tenga que ver específicamente con estar creando algo artístico sino con un estado de concentración. Sin duda para mí, este oasis aparece en la lectura.

Me ha ocurrido muchas veces que verbalizando una obsesión que me rondaba con un amigo, he conseguido dar forma a ideas que posteriormente se han convertido en una obra. Lo que se llama una epifanía, estar bloqueado y que una palabra te resuelve esa especie de nudo. Este es un claro ejemplo de que el momento refugio también se puede experimentar compartiendo tiempo con otras personas. Este concepto está directamente conectado a la salud y al encontrarse bien. La edad hace que la percepción del tiempo cambie. El tiempo vivido no tiene nada que ver con el tiempo medido. Hay cosas que son eternas y otras que se van en un suspiro y en el reloj han durado lo mismo. Según te vas haciendo mayor los días pasan más rápido por eso queremos encontrar y vivir en la medida de lo posible los máximos momentos refugio.

She has

Creo que la conexión con el proceso creativo puede venir de la mano de la soledad y la autorreflexión, así como de compartir conversaciones y momentos con otras personas. Es fundamental no estar pensando en otras cosas si no estar viviendo el presente para poder conectar con el proceso creativo.

Experimentar el momento refugio creo que es algo que no solamente aparece cuando estas realizando

una obra, sino que también existen otras actividades que pueden hacerte perder la noción de tiempo.

El tiempo está directamente relacionado con mi obra. Yo trabajo porque me doy cuenta de que el tiempo es limitado, es lo que me motiva a hacer algún tipo de acción. Si no lo hago ahora no lo voy a hacer nunca.

Existen herramientas para poder llegar a alcanzar estos momentos refugio, en definitiva, es algo que se puede educar. Por ejemplo, la respiración creo que es crucial. Otra cosa esencial es saber alejarse de lo toxico, saber decir que no a las cosas que no te convienen. Hay una diferencia abismal en tener una vida que merezca la pena y otra que no la merezca, por eso es muy importante saber identificar cuáles son esos momentos que te reconfortan y agradan.

# Esther Pizarro

## Mutidisciplinar

"El tiempo es como un chicle que se alarga o se acorta conforme las experiencias que estemos viviendo".

Para mí los momentos refugio van ligados a la concentración. Yo comparto el espacio de trabajo con mi marido y al ser un espacio que forma parte de mi casa también tengo a mis hijos constantemente por aquí. Es un espacio fluido de todos. No me pertenece. Como yo necesito encontrar concentración para poder conectar con esos momentos refugio tengo que hacer un esfuerzo extra para encerrarme en la burbuja que me lo permite. Como me requiere tanto esfuerzo conseguirlos, los valoro mucho más. Gracias a esto, he desarrollado una capacidad muy fuerte para llegar a ellos. Las herramientas que utilizo están muy ligadas con espacios concretos del estudio, con la luz, con las vistas también dependiendo de la estación del año en la que estemos me oriento hacia un lado o hacia otro. Estos momentos también están directamente relacionados con la fase del proyecto creativo que este experimentando. Está claro que la fase de ideación de un proyecto, cuando estas entrando en las bases conceptuales de una obra, es el momento donde se requiere más concentración a la que como consecuencia más momentos refugio.

0°23′24.36″N.S

4°3′0″N,9°42′0″E

3°0′0″N,3°24′0″E

6°27′0″N,2°25′0″E

6°22′0″N,3°0′0″E

5°33′0″N,0°13′0″W

5°20′11″N,4°1′36″W

1°43′55″N,17°27′26″W

28°04′42.1″N,15°25′53.8″W

36°18′38.6″N,5°47′31.6″E

39°21′45.9″N

Lo que antes era una obsesión por el espacio ahora es una obsesión por el tiempo, cuando tienes una determinada edad, te das cuenta de que el tiempo es el valor más preciado. Trato de optimizar el tiempo lo máximo que puedo buscando la eficacia para sacar todos esos momentos refugio que necesita cualquier artista para la creación. Se puede aprender a optimizar bien el tiempo, desarrollando una serie de mecanismos. Para mí perder el tiempo es inconcebible, es como hacer daño a la naturaleza, no nos lo podemos permitir.

El tiempo es como un chicle, que se alarga o se acorta conforme las experiencias que estemos viviendo. Cuando estamos haciendo una actividad que nos gusta y encontramos una conexión tan especial que perdemos la noción del tiempo, esto es super valioso. Al contrario, existen actividades en las que no paramos de mirar el reloj porque queremos que el tiempo pase más rápido. El tiempo es muy relativo, hay veces que va como un torbellino y otras veces es eterno. El momento vital en el que estés te hace vivir el tiempo de una manera o de otra.

El tiempo se va acelerando a medida que avanzamos. Ahora, echo la vista atrás y pienso en mi época de formación y me doy cuenta de que en ese momento el tiempo se dilataba mucho más. Sin embargo, soy consciente de que he entrado en una vorágine en la que han pasado un montón de años de repente.

Ha habido épocas de mi vida que he tenido que dejar estos momentos refugio un poco de lado. Cuando decidí ser madre, no me podía permitir estirar el chicle del tiempo, aun así encontraba la forma de conectar conmigo misma a través de mis hijos. Un ejemplo fue en la época de lactancia, era un momento tan íntimo entre madre e hijo que yo quería parar el reloj. Otro período, fue la vida en las residencias artísticas. Teniendo todo cubierto, disponía de todo el tiempo para poder experimentar mis momentos refugio. Esta época a mí me ha alimentado positivamente para que, en otras etapas en las que no he podido disponer de estos momentos refugio, haya podido tirar del crédito personal que he ido contrayendo a lo largo de la vida.

Toda mi vida he tenido super presente la importancia de esos momentos refugio. Los artistas tenemos una sensibilidad especial, para lo bueno y para lo malo, eso nos brinda capacidad de llevar las cosas al límite, sentir las cosas en mayor medida que otras personas. Si yo no tuviese esa conexión y esos momentos conmigo misma, habría dejado de hacer arte hace mucho tiempo. El artista necesita esos momentos refugio constantemente, por eso gran parte de ellos necesitan la soledad dentro de su realidad. La búsqueda de estos momentos forma parte de la metodología creativa de los artistas. A pesar de ello, son vitales y necesarios para cualquier ser humano, son momentos en los que te encuentras contigo mismo y, todavía más, en la vorágine a la que estamos expuestos en la sociedad actual. Creo que, cuanto más mayor eres, más necesario es conocer esta experiencia, saber qué es lo que realmente te llena y te hace conectar contigo misma.

# Eugenio Merino

## Mutidisciplinar

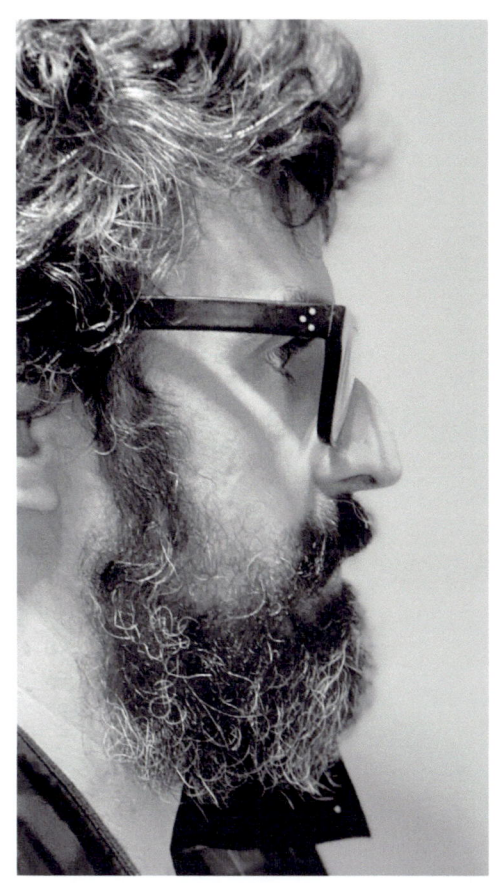

*"Todo lo que consumimos dentro del disfrute, forma parte de nuestro proceso creativo. Construyes con lo que ves."*

Encontrar momentos refugio depende mucho en que etapa del proceso creativo me encuentre. Hay etapas en las que suelo estar pensando ideas en las que intento encontrar más esta conexión y otras etapas más dirigidas al trabajo práctico que suele ser en el taller. De todas formas, consigo encontrarlos en todas ellas.

En mi tiempo de descanso también existen estos momentos refugio, cuando voy al cine, al teatro, a ver una exposición... El tiempo libre, es muy importante, es el lugar dónde desconectas para luego poder conectar. Yo tengo claro que dedicar tiempo solamente al trabajo, no desconectar para poder mirar fuera y recoger todas esas ideas, no es bueno. Ideas que emergen directamente de esos momentos refugio. Todo lo que consumimos dentro del disfrute, forma parte de nuestro proceso creativo. Construyes con lo que ves, nunca construyes de 0. Los momentos refugio siempre nutren a cualquier obra.

Me considero una persona muy organizada. La práctica artística yo la concibo como un trabajo.

Trabajo mi jornada y cuando esta acaba, cierro el día. Es verdad que suelo fluir más por las mañanas ya que creo que, en la medida en la que estoy más descansado, la cabeza funciona mejor. Al entender la practica creativa como un trabajo, pierdo la noción del tiempo, por el hecho de que disfruto en un porcentaje bastante alto del tiempo que estoy dedicando al trabajo. Procuro no estar preocupado por el tiempo en mi jornada.

En la trayectoria como artista siempre hay obras diferentes, ni mejores, ni peores, porque también existen espectadores diferentes. Pero está claro que la búsqueda de estos momentos siempre es algo que afecta positivamente al resultado.

Me imagino que todos necesitamos buscar estos momentos refugio para encontrarnos con nosotros mismos y, de alguna manera, recuperar energía. No los busco por que forman parte de mi vida y de mi orden. Siempre cuento con ellos.

# Jorge Julve

## Pintura

"*El momento refugio surge de actitudes como observar el mundo desde distintas perspectivas, estar abierto a cualquier estímulo y generar conexiones entre la pintura y la vida cotidiana*".

Para mí encontrar los momentos refugio no se limita a una actividad específica o lugar concreto, sino que surge como una consecuencia natural de mi proceso creativo. Aunque tengo algunos rituales, como ir a comprar la merienda, que me ayudan a desconectar y hacer la transición hacia mi trabajo en el estudio, el verdadero momento refugio se manifiesta como parte integral de mi práctica artística. Es la parte que más disfruto del proceso y lo que le da sentido a mi obra. Surge de actitudes como observar el mundo desde distintas perspectivas, estar abierto a cualquier estímulo y generar conexiones entre la pintura y la vida cotidiana. A veces estos momentos surgen espontáneamente, mientras que otros días requieren más esfuerzo para forzar esas situaciones creativas. Sin embargo, independientemente de cómo se presenten, los disfruto y aprovecho al máximo, ya que son momentos de lucidez que me permiten experimentar y percibir cosas que de otra manera serían impensables. Es en estos momentos donde alcanzo un mayor grado de autoconocimiento y percepción de las cosas.

Para mí, estos momentos de refugio creativo son esenciales, no solo para mantener un equilibrio entre mi vida artística y personal, sino también para entender las cosas con más profundidad.

La percepción del tiempo juega un papel crucial en mi creatividad. Siempre estoy con la mente activa, lista para tener un acercamiento a una imagen en cualquier momento. A lo largo de los años, he desarrollado ciertos códigos que me permiten explorar la realidad desde un punto de vista pictórico. No obstante, hay límites de tiempo que son constantes en mi vida. Trabajo y, además, me dedico a la pintura. Esto implica que tengo una rutina diaria con horarios limitados para estar en el estudio. Durante este tiempo, busco estímulos revisando notas o confiando en mi memoria. Aunque dedico tiempo diario a estar en el estudio, muchos días no pinto, pues la inspiración no siempre surge en ese momento. Suelo experimentar esa sensación de flujo creativo, donde el tiempo parece desvanecerse, mientras trabajo en una obra. Cuando conecto con la pintura y entro en un proceso creativo profundo, pierdo completamente la noción del tiempo. Una vez que comienzo a pintar, siento que las obras mismas lo exigen, y no puedo permitirme perder ese hilo creativo. Esta experiencia está directamente relacionada con la concentración; sin embargo, en ocasiones, no puedo pintar debido a las limitaciones de tiempo y a la falta de libertad para dedicar un tiempo indefinido, lo que me coarta en ese aspecto.

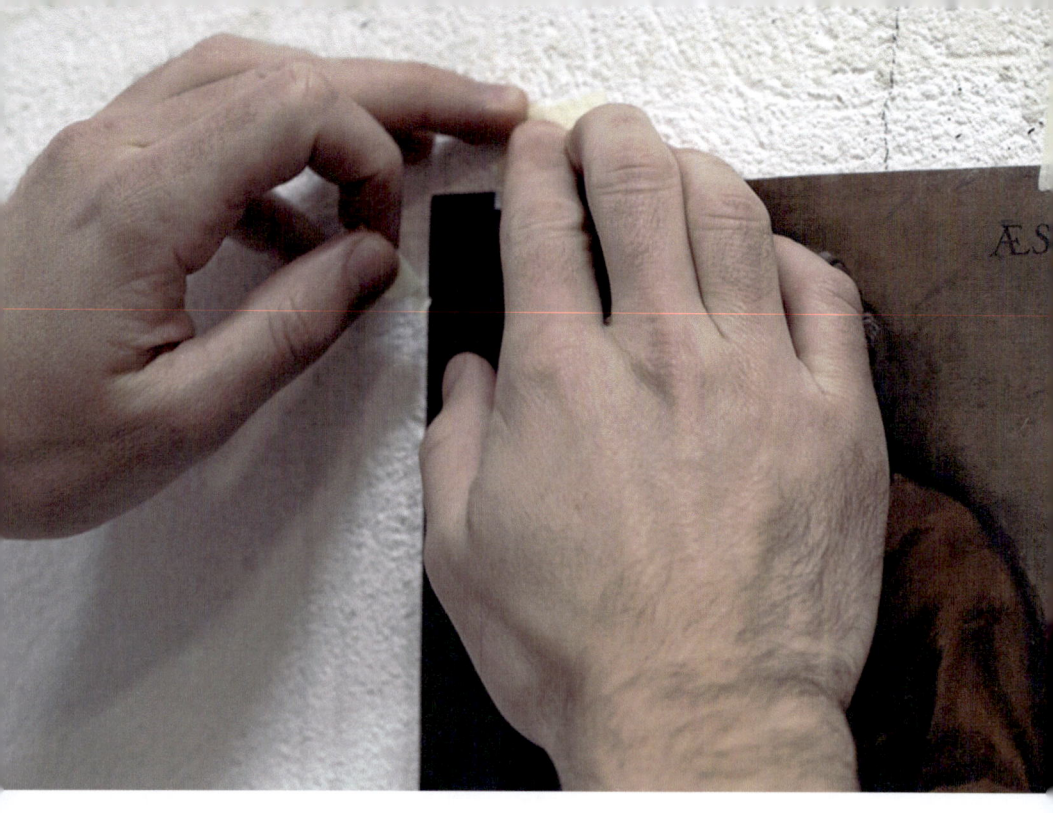

El arte es mi centro de vida, es el espacio donde siempre volver, y desde el que estar. Dentro de ese centro caben todos esos momentos refugio. La práctica artística física como la intelectual, siempre van ligadas, y están totalmente condicionadas por el tiempo de dedicación y la calidad de este. Si por circunstancias personales tengo menos tiempo para dedicar a la práctica en el estudio intento llevarlo fuera y poner más atención a la percepción de las cosas y la relación con el arte, intento pintar con el pensamiento y generar relaciones. Eso también es tiempo y creatividad.

# Los Bravú

## Pintura y Escultura

"A pesar de que la máxima conexión con nosotros mismos nos suele pillar trabajando, nuestros momentos refugio consideramos que también son saliendo de esa obsesión".

A pesar de que la máxima conexión con nosotros mismos nos suele pillar trabajando, nuestros momentos refugio consideramos que también son saliendo de esa obsesión. Haciendo ejercicio o tomando un café. Nosotros pensamos charlando y para ello intentamos irnos a dar un paseo. Es una manera de desconectar, pero estando conectados. Son momentos esenciales. Luego, es verdad que cada uno tiene sus propios momentos refugio. Pero sobre todo coincidimos en que son momentos donde movemos el cuerpo. Nos encanta escuchar música, nos marca mucho los ritmos para trabajar, incluso podcast.

Diego: Yo en concreto tengo déficit de atención, me cuesta concentrarme y he aprendido a seguir ciertas dinámicas, que música concreta ponerme, qué horas del día escoger para poder conectar conmigo mismo y encontrar esos momentos refugio.

Dea: Las horas en las que más conecto conmigo misma son las horas en las que no tengo comida en el estómago. Para llegar a este momento tengo que estar directamente conectada a mi cuerpo, y estar llena no me lo permite.

Sentarse a buscar inspiración es la cosa más improductiva del mundo, con esto viene muchas veces la ansiedad de querer conseguir resultados instantáneos de nuestra sociedad actual. Es mejor estar ligeramente distraído para no sentirte presionado. Una cosa que nos sirve mucho es irnos al campo cuando estamos buscando una idea  y estar ojo avizor por si nos surge algo.

Indudablemente creemos que estos momentos están relacionados con la calidad de la obra a posteriori. Al fin y al cabo, los momentos refugio nos sirven para razonar la obra a nivel conceptual. La creación artística puede ser absorbente y consumirnos por completo si no tomamos tiempo para desconectar y recargar energías. En nuestra práctica, buscamos conscientemente integrar actividades que nos permitan alejarnos del trabajo y conectarnos con otros aspectos de la vida, como hacer ejercicio, socializar con amigos, o simplemente, disfrutar de la naturaleza.

La búsqueda de estos momentos depende mucho de las circunstancias o factores externos. Aunque tu identifiques una serie de herramientas para poder llegar a ese momento refugio, hay una serie de circunstancias externas que pueden no permitírtelo. Al final, es también aprender amoldarse al momento vital y tener una cierta estrategia para poder sacar provecho a las circunstancias. Por ejemplo, nosotros cuando tenemos que hacer largos viajes en coche, aprovechamos esa oportunidad para hablar y encontrar un momento refugio.

Creemos que, concienciar a la gente sobre estos momentos refugio, es sano. No nos imaginamos la vida sin ellos. Es básico para nuestra salud. Saber que tenemos la capacidad de conectar con nosotros mismos es algo que nos va a acompañar. Cuando seamos mayores y nos jubilemos, seguiremos prestando atención a estos momentos. Nos da cierta pena el vacío existencial que le surge a la gente al terminar su etapa laboral.

No es el día a día lo que nos mata en la sociedad actual sino las expectativas, eso es lo que nos genera ansiedad.

El querer experimentar todo en la vida, el nunca disfrutar lo suficiente, nos lleva a una gran frustración. Nunca es suficiente. Estos momentos refugio sirven como medicina para esa ansiedad.

# Luis Olaso

## Pintura

*"Los problemas de salud mental son las enfermedades del siglo XXI y alcanzar estos niveles de desconexión ayudan a combatirlas".*

Mi momento refugio nace directamente de la pintura. Cuando pinto, intento desconectar la parte racional de mi cerebro para dejar florecer la irracional. Muchas veces es difícil apagar esa parte más consciente. Como realmente no pienso en representar nada en concreto, dejo que el subconsciente actúe, de esta forma consigo autorretratarme en todas mis obras. Me pinto a mí mismo. Esto a veces es muy complicado ya que actualmente estamos siempre recibiendo estímulos que activan esa parte racional que está en constante alerta. Conseguir apagarla es difícil. Para poder alcanzar todas esas expectativas a las que la sociedad actual nos somete, se deja a un lado el subconsciente y la búsqueda de esos momentos refugio de conexión. Siendo realistas, hay momentos en los que consigues conectar contigo mismo y con lo que estás haciendo de manera muy profunda y, otras muchas, en las que esa conexión es más superficial o directamente no consigues conectar con ese momento refugio. Yo, por ejemplo, soy incapaz de trabajar por las mañanas. Esto es algo que me he dado cuenta a base de la experiencia. Me he ido conociendo y yo voy al estudio por las tardes o noches. Ahí encuentro más conexión con mi arte.

Cuando estás en momentos de fluidez, el tiempo vuela, en cambio, cuando estás atascado, surge una losa en la que el tiempo no pasa. El momento refugio lo ligo directamente con la conexión personal, esto puede surgir en diferentes ámbitos de la vida. Para mí está directamente relacionado con estar relajado, sin estarlo, jamás voy a poder experimentar ese momento refugio. Soy una persona que aparentemente parece muy tranquila pero, realmente, mi mente está constantemente dándole vueltas a todo. Por eso para mí es fundamental estar mentalmente relajado. Suelo necesitar estar solo durante bastante tiempo.

Me pasa mucho cuando estoy cerca del mar, navegando en mi velero. Necesito, sí o sí, estar escuchando música, considero que es un vehículo de transportar emociones maravilloso. Me ayuda para generar este tipo de situaciones. Sin duda, el patrón común es la tranquilidad y la relajación. Desde que empecé con a pintar con verdadera libertad hasta ahora, mi trabajo ha cambiado mucho, pero la capacidad de encontrar esos momentos sigue siendo la misma. Si que he notado que ahora me considero más astuto a la hora de evocar esos momentos, pero eso al final nace del propio conocimiento personal.

Es difícil gestionar la capacidad de encontrar estos momentos refugio cuando me encuentro bajo presión. La presión es un arma de doble filo. Puede ser una chispa que impulse a moverte y crear o una carga enorme que te aplaste y frustre. Dependiendo de cómo se perciba, aparecen más estos momentos o menos.

Saber identificar cuando estoy experimentando o no ese momento refugio, me sirve para decidir si seguir adelante o abandonar en algún punto del proceso creativo ya que me doy cuenta de que no estoy siendo productivo.

Esto también se puede enfocar en las experiencias personales de la misma manera. Cuando experimentamos momentos que no nos llenan es importante saber decir que no.

Ese refugio que para mí es la pintura, para otra gente pueden ser infinitas actividades. La práctica artística es un vehículo muy positivo para conseguir la conexión, pero existen muchas formas. A nivel individual, es fundamental conocer estas vías de escape. No alcanzar esos momentos, genera un montón de problemas que estamos viendo reflejados en nuestra sociedad actual. Los problemas de salud mental son las enfermedades del siglo XXI y, alcanzar estos niveles de desconexión, ayudan a combatirlas. Creo que estamos evolucionando en hablar sin miedo de estos momentos y estamos consiguiendo ponerlos en valor.

# Pablo Merchante

## Pintura

*"Personalmente entiendo el momento refugio como una bifurcación en la que existen dos partes del cerebro, una conectada a la acción y otra que está ausente de responsabilidad".*

117

Mis momentos refugio siempre son en el estudio. Haber generado este espacio donde me aseguro poder experimentar ese flujo creativo no ha sido fácil. Hace poco me mudé de país y en los últimos años me he mudado tres veces de estudio. Este movimiento ha interrumpido en varias ocasiones esa rutina o disciplina que yo mismo había generado con el espacio. Lo importante es saber encontrar un lugar en el que te sientes a gusto, entender el estudio como un tiempo en el que no tienes por qué estar creando. No siempre se genera la misma productividad y el grado de conexión con esos momentos refugios puede variar.

Constantemente intento buscar la comodidad, mi estudio actual tiene dos habitaciones. Siempre me intento posicionar en la sala en la que más a gusto esté. Voy aprendiendo a encontrar herramientas y conocer qué factores externos afectan a este grado de conexión y concentración. Puede ser desde la época del año que me encuentre a lo cansado que este en un día. Pero de todas formas creo que tengo una capacidad muy desarrollada para encontrar estos momentos refugio. Los he llegado a experimentar desde un día de resaca a un día de mucha energía.

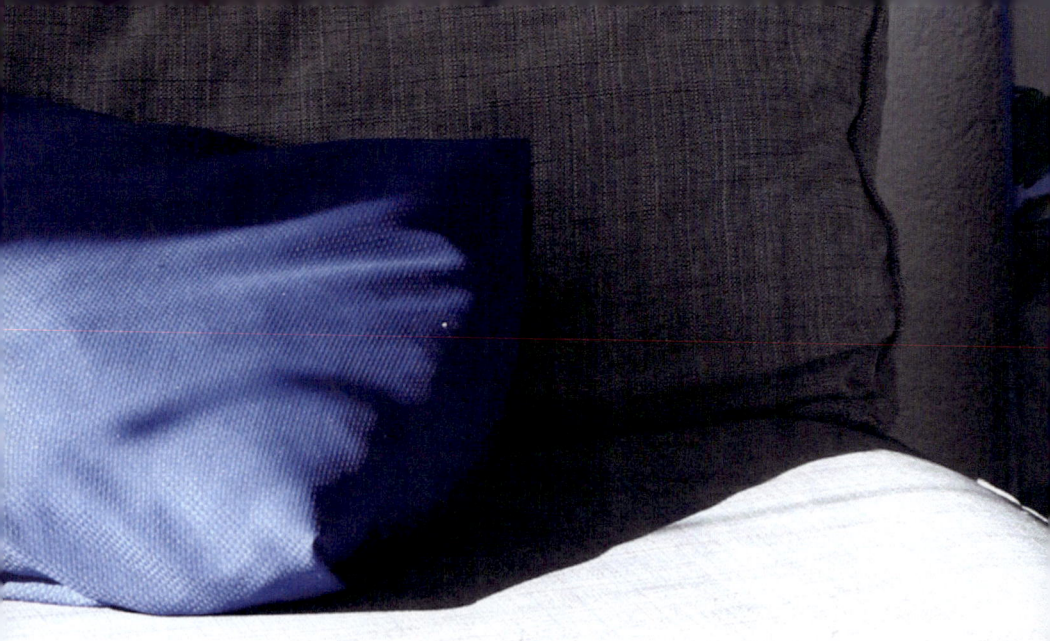

Personalmente entiendo el momento refugio como una bifurcación en la que existen dos partes del cerebro, una que está directamente conectada a la concentración y la acción y otra que está ausente de responsabilidad y es más subjetiva. Son dos experiencias vividas en un mismo momento, concentración y evasión. En estos momentos refugio pierdo tanto la noción del tiempo que en ocasiones tengo que ponerme un cronometro cada hora para saber en qué momento del día me encuentro. Hay en ocasiones que el momento refugio me ha sorprendido en situaciones rutinarias, ya sea andando en bici, estando en el metro, o antes de irme a dormir. Estos momentos suelen venir acompañados de muchas ideas clave en mi proceso creativo.

Para un artista, su momento refugio es prácticamente su momento creativo. Desde que tengo uso de razón he tenido una gran capacidad para concentrarme, esta concentración me ha proporcionado poder evadirme del espacio tiempo siempre que quisiese.

Considero que, cuando la vocación se convierte en un trabajo, se sigue experimentando ese momento refugio, pero quizás se vive de manera menos intensa. Para conseguir que los plazos de entrega para exposiciones no me afecten a esa capacidad de abstracción, siempre he intentado luchar por ser muy libre a la hora de hacer mis proyectos. Creo que, si se sobrepasa esa barrera, lo mecánico acaba sobrepasando lo creativo.

121

Me siento realmente afortunado por saber que tengo la clave para encontrar estos momentos refugio que, en mi caso, es a través del arte. Gracias a ello vivo el tiempo de una manera más personal que me permite reflexionar sobre el sentido de mi vida.

Esto, sin duda, me hace crecer como persona, me hace pensar qué es realmente la felicidad y enfoco más mi vida a sentirme bien con lo que hago.

En la pandemia, mucha gente al perder su rutina, encontró un gran vacío dentro. La gente no se conocía ni sabía que momentos realmente le conectaban consigo misma y le hacían feliz. Esta realidad hizo reflexionar a muchas personas que han encontrado ese camino a través de diferentes actividades.

# Nuria Fuster

## Multicisciplinar

"*A menudo se habla de la necesidad de desconectar, pero lo que realmente se necesita es aprender a conectar*".

Para encontrar mi momento refugio, no necesariamente requiero de un lugar físico de calma y relajación. Más bien, lo encuentro en actividades o momentos que me permiten una conexión mental profunda. Por ejemplo, ver una exposición o leer son prácticas que me abstraen de lo urgente y me conectan con lo necesario. No obstante, mi momento de conexión puede surgir en situaciones cotidianas, como cuando estoy limpiando o nadando. Estas actividades rutinarias me brindan un espacio mental para sumergirme en mi creatividad, incluso, tomarme solo unos minutos para leer una poesía o una frase de un libro en una librería puede ser suficiente para encontrar inspiración y renovar mi energía creativa.

Sin duda, he notado una conexión directa entre la búsqueda de estos momentos de conexión y la calidad de mi obra. Para mí, es esencial poder salir de mi rutina y ver lo cotidiano desde una perspectiva diferente. Creo que para cualquier artista es esenciales, al final, en el ejercicio y en la práctica del arte, hay que tener la capacidad de tener otro enfoque sobre la vida.

Cuando estos momentos de conexión desaparecen, puedo experimentar una crisis creativa. Es como si mi mente necesitara esa pausa y ese espacio para renovarse y encontrar nuevas inspiraciones.

Mi percepción del tiempo impacta en mi creatividad de manera significativa. Prefiero trabajar durante las horas de luz del día, ya que me siento más conectada con mi proceso creativo en ese momento. Antes de ser madre, mi relación con el tiempo era diferente, más centrada en dedicarme a mí misma y a mi trabajo. Sin embargo, desde que soy madre, mi tiempo es limitado y me he vuelto más asertiva y efectiva en mi trabajo. Aunque esta presión puede ser desgastante, también me estimula y me impulsa a ser más productiva.

Experimentar ese estado de flujo creativo es fundamental para mí como artista. Para alcanzarlo, considero importante establecer un ambiente propicio para la concentración y la conexión con mi obra. Cierro la puerta de mi estudio de manera simbólica y física, dejando atrás todas las distracciones externas y creando un espacio-tiempo diferente donde puedo sumergirme en mi trabajo.

A lo largo de la vida, he experimentado diferentes etapas donde la capacidad de desconectar y sumergirme en el proceso creativo ha variado. Al principio, tenía más libertad para cerrar esa puerta y entregarme completamente al flujo creativo. Con el tiempo, las responsabilidades y obligaciones aumentan, lo que puede dificultar la desconexión total, pero siempre encuentro formas de conectar conmigo misma y mi obra. A pesar de las obligaciones, nunca permito que interfieran con mi capacidad de entrar en ese estado de flujo creativo.

En la actualidad, estructuro mucho más mi trabajo y mi relación con el tiempo tiene una estructura más definida. Hay una dictaminación externa de fechas y plazos que debo cumplir, lo que me obliga a ser más disciplinada y responsable. Al principio, era yo quien generaba mi propia responsabilidad y compromiso, pero con el tiempo, esta responsabilidad se ha vuelto más reglamentaria.

Estos momentos de pausa han tenido un impacto significativo en mi capacidad para cumplir con plazos o trabajar bajo presión, pero de una manera que considero enriquecedora y constructiva. A lo largo de mi carrera, he aprendido a reconocer los diferentes estados de creatividad y a anticiparme a los momentos de bloqueo. Cuando enfrento períodos de baja creatividad o dificultad para generar trabajo, a veces me veo obligada a forzarme más para cumplir con los plazos establecidos. Este proceso puede ser similar a un vaivén, donde hay momentos de intensa actividad seguidos de períodos de reflexión y descanso. Sin embargo, estos momentos de refugio son esenciales para mí, no solo en términos de producción artística, sino también como una necesidad vital. Dialogar con el mundo y conmigo misma durante estos momentos de reflexión es algo natural y fundamental para dar sentido a mi existencia diaria.

Extrapolando el concepto del momento refugio fuera de la práctica artística, creo firmemente que debería enseñarse en las escuelas. A menudo se habla de la necesidad de desconectar, pero lo que realmente se necesita es aprender a conectar. Vivimos en una era de crisis espiritual, donde la conexión profunda con uno mismo y con el mundo que nos rodea se ve eclipsada por la constante interacción con dispositivos electrónicos. El arte, en muchas ocasiones, ofrece ese momento refugio tan necesario para las personas. Invita a conectar con obras, a compartir experiencias y a descubrir nuevas perspectivas. Este descubrimiento y revelación es tan importante que los artistas sienten la necesidad de compartirlo con los demás.

# Tania Font

## Escultura

*"Debido a mi estado de salud personal, estos momentos no solo son importantes, sino que son fundamentales para mantenerme sana".*

Para encontrar mis momentos refugio, tengo una rutina diaria que considero fundamental. Cada día, dedico al menos una hora a pasear con mi perro por la naturaleza. Este tiempo me permite desconectar y recargar energía. Además, durante el desayuno, acompaño esta actividad con la lectura de un libro que me inspira. Estos momentos de soledad y conexión con la naturaleza son cruciales para mí. Durante estos momentos de tranquilidad, decido qué temas quiero abordar en mi obra y elaboro el discurso que quiero transmitir. La lectura me proporciona nuevas ideas y perspectivas, y aprovecho para escribir, tomar fotos y anotar ideas en los márgenes de los libros. Todo esto contribuye al proceso creativo y al desarrollo de mis obras.

Recientemente, he experimentado un cambio significativo en mi enfoque artístico después de uno de mis momentos refugio. Después de buscar un discurso más egocéntrico en mi obra, me encuentro ahora buscando algo más socialmente útil como artista. Aunque aún no puedo definir completamente este cambio, sé que será el próximo discurso que abordaré en mi obra. Este momento de introspección durante mi momento refugio ha sido fundamental para guiar mi dirección artística hacia un propósito más socialmente relevante y significativo.

Considero que estos momentos refugio son esenciales para mantener un equilibrio entre mi vida artística y personal. Estoy muy contenta de haberlo encontrado, aunque a veces el estrés puede ser abrumador y difícil de controlar. El estrés y la creatividad son prácticamente incompatibles; cuando la parte del cerebro que se ocupa del estrés está activa, la parte creativa se apaga. Es fundamental encontrar formas de gestionar el estrés y buscar momentos de tranquilidad y desconexión. No puedo ser creativa si estoy nerviosa o estresada. Por lo tanto, para mantener este equilibrio, me aseguro de reservar tiempo para mis momentos refugio. Estos momentos me permiten recargar energía, calmar mi mente y mantener viva mi creatividad. Al permitirme desconectar, puedo abordar los proyectos con una mente más clara y enfocada. Esto me ayuda a gestionar mejor el estrés y a mantener la creatividad y la productividad en situaciones de presión.

La percepción del tiempo en mi creatividad ha variado a lo largo de mi trayectoria. Durante etapas en las que combinaba la producción de mi obra personal con mi empresa, experimentaba momentos fluidos y otros más tensionados. En esos periodos libres de presión, el tiempo dedicado a crear era más libre y tranquilo, a pesar de mantener horarios disciplinados. Sin embargo, este año, con una mayor demanda de mi trabajo, los horarios se han vuelto más flexibles al no depender de ningún factor externo. Trabajo en promedio 6 horas al día, y he encontrado que soy más productiva por las tardes, mientras que las mañanas las dedico a inspirarme y disfrutar de esos momentos refugio que son esenciales para mí.

He experimentado muchas veces la sensación de flujo creativo, donde el tiempo parece desvanecerse mientras trabajo en una obra y las horas pasan sin darme cuenta, al contrario, también he experimentado momentos en los que mi práctica se siente repetitiva y monótona, contando las horas y sin sentir avances significativos. Es importante destacar que también hay etapas del proceso creativo escultórico que resultan más entretenidas que otras.

149

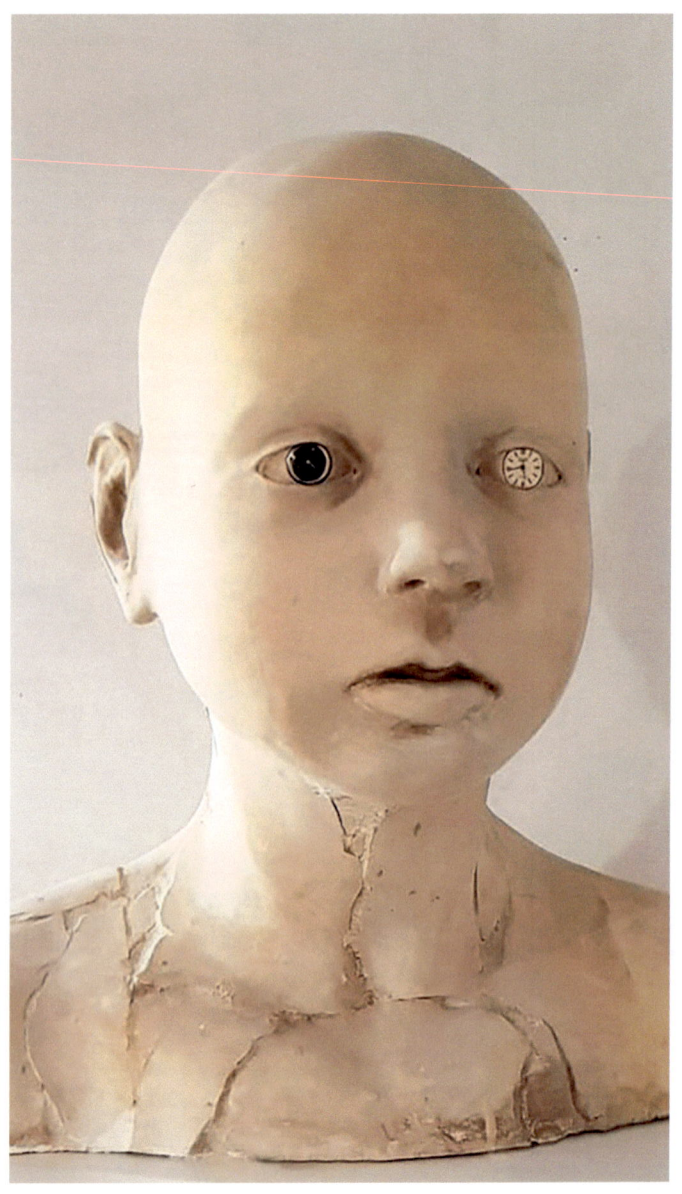

A lo largo de mi carrera artística, he notado un cambio significativo en mi percepción del tiempo. Durante mis años de facultad, no valoraba plenamente la libertad que tenía para desarrollar ideas creativas. Por motivos personales, no aprovechaba al máximo esa libertad y no dedicaba el tiempo necesario para explorar y profundizar en mis ideas. En aquel entonces, aunque mis ideas no eran tan técnicas, sentía que eran más auténticas y creativas.

La relación entre el tiempo y la creatividad siempre se ha de manifestado de manera profunda en mi obra. A lo largo de mi trayectoria, he reflexionado mucho sobre el tiempo y he explorado su significado en diversas esculturas. Tengo obras como "La escultura del tiempo", que habla de las renuncias, las decisiones difíciles y la frustración que conlleva la lucha contra el tiempo. Otro ejemplo es "Neurotípico", esta obra explora el contraste entre los dos ojos y refleja la cantidad de pensamientos e información que atraviesan nuestro cerebro cuando no podemos gestionar nuestra conducta social de manera típica.

Volviendo al concepto del momento refugio debido a mi estado de salud personal, estos momentos no solo son importantes, sino que son fundamentales para mantenerme sana. Son sagrados para mí. Al reconocer la importancia de estos momentos de tranquilidad y conexión con la naturaleza, puedo dedicarles el tiempo y la atención que merecen. Me permiten desconectar del estrés y la agitación del día a día, y me brindan la oportunidad de reflexionar sobre mi vida, mi trabajo y mis objetivos personales y artísticos.